AF391326

VENTE

Du Lundi 29 Avril 1907

HOTEL DROUOT, SALLE N° 11

à deux heures

EXPOSITION PUBLIQUE

Le Dimanche 28 Avril 1907

DE 2 HEURES A 6 HEURES

❦

BON MOBILIER MODERNE

OBJETS D'ART, ARGENTERIE

GARNITURES DE CHEMINÉES

TABLEAUX — DESSINS — AQUARELLES

TENTURES

COMMISSAIRE-PRISEUR

M⁰ LAIR-DUBREUIL

6, rue Favart

EXPERTS

MM. PAULME & B. LASQUIN FILS

10, rue Chauchat. — 12, rue Laffitte

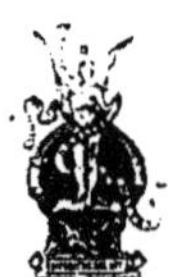

CATALOGUE

DES

MEUBLES & SIÈGES MODERNES

Fauteuils et Chaises en bois sculpté doré, style Louis XV et Louis XVI
Buffet, Table, Desserte, Chaises, Argentiers,
Cheminée en bois sculpté de style Renaissance de la Maison JOVENEAU

BRONZES D'ART & D'AMEUBLEMENT

TABLEAUX — DESSINS — AQUARELLES

Suspension en fer forgé de style Renaissance
de la Maison VIAN

IMPORTANTE GARNITURE DE CHEMINÉE EN BRONZE

Objets divers : Argenterie, Tentures

DONT LA VENTE AUX ENCHÈRES PUBLIQUES AURA LIEU

HOTEL DROUOT, SALLE N° 11

LE LUNDI 29 AVRIL 1907

A DEUX HEURES

Par le ministère de :	*Assisté de :*
Me F. LAIR-DUBREUIL	MM. PAULME et B. LASQUIN fils
COMMISSAIRE-PRISEUR	EXPERTS
6, rue Favart, 6	10, r. Chauchat | 12, rue Laffitte

PARIS
Chez lesquels se distribue le présent Catalogue

EXPOSITION PUBLIQUE

Dimanche 28 Avril 1907, Salle n° 11, de 2 heures à 6 heures

CONDITIONS DE LA VENTE

Elle sera faite au comptant.

Les adjudicataires paieront *dix pour cent* en sus des enchères.

L'Exposition mettant le public à même de se rendre compte de l'état et de la nature des objets, il ne sera admis aucune réclamation après l'adjudication prononcée.

Paris.—Imp. de l'Art, CH. BERGER ET Cⁱᵉ, 41, r. de la Victoire

DÉSIGNATION

TABLEAUX

1 — Boucher (École de). Sujet allégorique. — Dessin au crayon.

2 — Chaplin (Ch.). Feuille d'éventail : Jeune Femme et Amours. — Aquarelle.

3 — Debucourt (D'après). La Rose mal défendue. — Panneau. Cadre en bois sculpté de style Louis XVI.

4 — Fragonard (D'après). La Leçon d'équitation. — Dessin à la sépia. Cadre en bois sculpté doré.

5 — Fragonard (École de). Allée ombreuse avec personnages. — Dessin à la sépia.

6 — May (Anna). Panier en osier avec chrysanthèmes. — Aquarelle.

7 — ÉCOLE FRANÇAISE. Portrait de Femme. — Pastel.

8 — ÉCOLE FRANÇAISE. Le Repentir tardif. — Dessin à la sépia. Cadre ancien en bois sculpté doré.

9 — Six miniatures : Portraits d'Hommes et de Femmes.

10 — Icone russe, Vierge et Enfant Jésus dans un encadrement en argent.

FAIENCES, PORCELAINES

11 — Paire de vases en porcelaine bleu turquoise, ornements en dorure, monture en bronze, à bouquets de lumières.

12 — Deux lampes en porcelaine bleu turquoise avec réserve, à sujets pastoraux, monture en bronze. Style Louis XVI.

13 — Groupe en biscuit, Bacchus et Amours, socle en bronze. Style Louis XV.

14 — Coupe en porcelaine, décorée d'œillets, monture en bronze doré.

15 — Un plat, deux cache-pot en terre flambée et vernissée.

16 — Vase à fleurs, forme gourde, en faïence vernissée.

17 — Bouillon couvert et son présentoir en porcelaine décorée, fond bleu.

BRONZES D'ART ET D'AMEUBLEMENT

GARNITURES DE CHEMINÉES

SUSPENSION

18 — Bronze de *Waagen*. Chasseur kabyle à cheval. *Martin, fondeur*.

19 — Bronze de *Félix Charpentier*. L'Improvisateur. Édition *E. Collin*.

20 — Médaillon en bronze. Jeanne d'Arc, d'après *Chapu*. Édition *Barbedienne*.

21 — Deux plaques en bas-relief en bronze, de E. Delaplanche. Jupiter et Junon. Édition *Barbedienne*.

22 — Grande pendule en marbre blanc et bronze patiné, à sujet de femme lisant. Maison *Balthazard*.

23 — Importante garniture de cheminée, composée d'une pendule, à sujet de cavaliers combattants, et de deux candélabres à bouquets de lumières en bronze patiné. Style Renaissance.

24 — Deux lustres en bronze.

25 — Importante suspension de salle à manger en fer forgé, de style Renaissance (disposée pour l'électricité). Maison *Vian*.

26 — Paire d'appliques à trois lumières en cuivre.

27 — Paire de candélabres à neuf lumières en bronze doré, de style Louis XV.

28 — Flambeau à écrans à deux lumières, avec amours en bronze doré. Style Louis XVI.

29 — Lustre à quatre lumières en bronze nickelé, disposé pour l'électricité.

30 — Paire d'appliques, à cinq lumières, en bronze doré. Style Louis XV. (Disposées pour l'électricité.)

ARGENTERIE

31 — Deux flambeaux en argent. Epoque Louis XV.

32 — Deux vases en cristal, décorés en dorure, monture en argent de style Louis XV.

33 — Sucrier en argent, de forme carrée.

34 — Deux tasses et leur soucoupe en argent.

35 — Plateau en argent, style Louis XV.

36 — Pot à lait en argent, style Louis XVI.

37 — Vase en onyx, monture en bronze et émail cloisonné.

38 — Pince à sucre, six cuillères à café en vermeil.

39 — Deux coquetiers, une cuillère en argent et une cuillère ivoire et argent.

40 — Deux salières en argent de style Louis XV.

41 — Flacon à parfum et flacon à sel en argent et cristal.

42 — Cuillère à fruit en argent ciselé et ajouré.

43 — Corbeille à pain à anse, en argent.

OBJETS DIVERS

44 — Plat en cuivre repoussé et gravé, à olive sur la bordure et deux personnages portant un fruit, au centre. xvɪᵉ siècle.

45 — Deux vases en cuivre à piédouche, anses à mufle de lion.

46 — Deux colonnes en onyx, ornées de bronzes dorés de style Louis XIV.

47 — Grande bassine en cuivre repoussé, anses à anneaux.

48 — Paire de grands chenets en cuivre de style Louis XIII.

49 — Pare-étincelles en cuivre poli.

50 — Glace de style Louis XVI, en pâte dorée, à guirlandes de fleurs.

51 — Glace avec cadre à fronton en bois, avec motifs en cuivre estampé et ajouré, à ramages.

52 — Deux glaces-appliques, avec cadre et trois lumières en cuivre poli. Style Louis XVI.

53 — Plat en bois, avec mosaïques de marbre.

54 — Grande glace, peint blanc et doré. Style Louis XVI.

55 — Quatre galeries en bois sculpté doré.

56 — Brûle-parfum en cuivre.

57 — Buire en étain de *A. Barye*, anse à dauphin et femme sur l'épaulement.

58 — Vase porte-bouquet en étain de *Plé*.

59 — Deux petites jardinières en étain.

60 — Quatre lampes en cuivre rouge moderne style, dont une avec fûts en porcelaine.

61 — Porte-bouquet en verre, monture en métal de Wilcox.

62 — Six hallebardes ou lances.

63 — Deux pieds en fer forgé.

64 — Guirlande de fleurs et feuillages en fer doré avec lumières électriques.

65 — Petit buste d'homme en plâtre teinté.

66 — Buste de femme en plâtre teinté.

67 — Cheminée électrique.

68 — Deux nattes.

69 — Tablette de cheminée en peluche, un store en soie rose, trois galeries soie rouge, une galerie en soie bleue.

70 — Quatre tablettes de cheminée, recouvertes en étoffes diverses.

71 — Appareil téléphonique portatif.

72 — Deux cadres en pâte dorée, un pupitre en bois.

73 — Phonographe.

SIÈGES

74 — Quatre chaises en bois sculpté, canné, de style Louis XV, à coussins mobiles en velours épinglé, à ramages lie de vin sur fond blanc.

75 — Deux petites marquises à dossier bas et cintré, accotoirs à têtes de bélier, en bois sculpté peint blanc et doré, recouvertes de velours épinglé rose, à fleurettes dans des médaillons. Style Louis XVI.

76 — Petite banquette en bois sculpté, doré, à
quatre pieds reliés par un entrejambe, cou-
verte en velours épinglé fond vert. Style
Louis XVI.

77 — Deux petites bergères à oreilles, en bois
sculpté, doré, canné, à coussins mobiles en
soierie. Style Louis XVI. Maison *Forest*.

78 — Quatre chaises en bois sculpté, doré, dossier carré à colonnettes détachées, couvertes
en soierie à rayures. Style Louis XVI.

79 — Quatre chaises en bois sculpté, doré et
canné, dossiers médaillons, à quatre pieds
dont deux fuselés à cannelures et deux car-
rés; coussins mobiles en velours à fleurettes.
Style Louis XVI.

80 — Deux fauteuils en bois sculpté, peint blanc
et doré, dossier cintré à motif de corbeille de
fleurs. Ils sont couverts d'étoffe à rayures
saumon. Style Louis XVI.

81 — Huit chaises, dont quatre en bois sculpté
et doré, de style Louis XVI, recouvertes en
soierie et velours brodé.

82 — Petit canapé à dossier et accotoirs arrondis, en bois sculpté doré et canné, coussin mobile en soierie à rayures. Style Louis XVI.

83 — Grand canapé et six fauteuils en acajou. Époque Empire. Recouverts de velours jaune à rayures.

84 — Petit canapé en acajou. Époque Empire. Avec coussin mobile en velours.

85 — Deux chaises à haut dossier en bois finement sculpté. Style Renaissance. *Maison Joveneau.*

86 — Pouf carré, garni de velours rouge.

87 — Chaise longue et deux fauteuils confortables, recouverts en étoffe à bouquets de fleurs.

88 — Tabouret de piano, pied en bronze ciselé et doré.

88 *bis* — Paravent à trois feuilles ornées de glaces.

MEUBLES

89 — Grande cheminée en bois finement sculpté, de style Renaissance. Maison *Joveneau*.

90 — Buffet de salle à manger, à deux corps, en bois finement sculpté, à sujets de batailles et personnages de style Renaissance. Maison *Joveneau*.

91 — Desserte, de même style. Maison *Joveneau*.

92 — Table et dix chaises de salle à manger, style Renaissance. Maison *Joveneau*.

93 — Deux argentiers en bois sculpté, ouvrant à une porte vitrée. Style Renaissance. Maison *Joveneau*.

94 — Table-rognon en marqueterie de bois de couleur. Style Louis XV.

95 — Petite table en marqueterie de bois, ouvrant à plusieurs petits tiroirs. Style Louis XV.

96 — Armoire à glace, à deux portes, en noyer sculpté. Style Louis XV.

97 — Table de nuit en noyer, de style Louis XV.

98 — Table en bois sculpté doré, à motifs de rinceaux, coquilles, volute. Style Louis XIV.

99 — Table guéridon acajou, à quatre pieds, reliés par un entrejambe, ouvrant à un tiroir, ornée de bronzes dorés, dessus de marbre. Style Louis XVI.

100 — Console applique en bois sculpté doré, ceinture ajourée à bouquets de roses. Style Louis XIV, dessus d'onyx.

101 — Console analogue à la précédente, avec variantes dans la sculpture.

102 — Console, de style Louis XIV, en bois doré. Dessus de marbre.

103 — Paravent en bois sculpté, à trois feuilles. Style Louis XVI.

104 — Écran en bois sculpté doré, avec feuille en soie à bouquets de fleurs. Style Louis XVI.

105 — Meuble d'entre-deux, à hauteur d'appui, ouvrant à une porte en marqueterie à fleurs, richement orné de bronzes dorés. Style Louis XVI.

106 — Petite table guéridon en bois sculpté doré. Style Louis XVI.

107 — Petite table à ouvrage en marqueterie de bois de couleur, de style Louis XVI.

108 — Trois toilettes de poupées, support en acajou, trois rideaux pare-étincelles.

109 — Etagère bois d'érable.

110 — Bibliothèque tournante, de *Terquem*.

111 — Deux colonnes en peluche verte, table en peluche brodée.

112 — Casier à musique en bois noir.

113 — Piano de Leibner.

114 — Commode en acajou, dessus de marbre.

TENTURES, ÉTOFFES

115 — Ciel de lit et garniture.

116 — Deux rideaux en peluche.

117 — Couvre-lit et rideaux de cheminée en peluche.

118 — Deux garnitures de fenêtres, avec galeries en peluche.

119 — Deux paires de rideaux, deux portières, un tapis de table en velours vert, orné de broderies.

120 — Deux paires de rideaux, une portière en satin rouge, brodé d'or.

121 — Deux paires de rideaux verts brodés. Style Empire.

122 — Deux rideaux de cheminée, même étoffe.

123 — Deux paires de rideaux en peluche rouge.

124 — Lot de passementerie, embrasses, etc.

125 — Deux rideaux et morceaux en peluche bleue.

126 — Etoffe Louis XV.

127 — Deux paires de rideaux, deux portières, une garniture de lit, un dessus de lit en peluche.

128 — Un lot de franges et passementeries.

129 — Trois coussins couverts en soierie brodée à bouquet de fleurs.

130 — Un tapis Smyrne.

131 — Objets omis au catalogue.